Déjà parus dans la même collection

Le mariage de Tata Keltoum

Les Jnouns de la médina de Fès

La nuit du Destin

Publié avec le concours du Service de Coopération
et d'Action Culturelle de l'Ambassade de France au Maroc

12, rue du Renard 75004 Paris
ISBN 2-84272-144-6

Pour le Maroc :

Assistante éditoriale : A. Varga
Dépôt légal : 2002/0384
ISBN 9981-896-20-9

À la recherche du trésor des Almohades

Dessins et Texte

Sonia Ouajjou

Collection

Malika et Karim

En voilà une ville toute rouge !
_"Nous sommes à Marrakech," dit Malika.

Clip ! clap ! font les sabots des chevaux.
Dring, dring... Attention aux vélos !
A droite ! A gauche ! Il y en a partout !
Comme c'est curieux ! Là-haut, il y a de la
neige et ici, on a très chaud à dos de
dromadaire...

Que de monde sur la place Jamaâ El Fna !
"- Jus d'orange pure vitamine C !" clame le marchand.
- Ding, ding. "De l'eau pure source !" crie le porteur d'eau.
"- Yallah ! Yallah !" chantent et dansent les Gnaouas.
Clip, clap, les chevaux.
Dring, dring, les vélos...

Que le spectacle commence!
Monsieur et Madame Serpent dansent au son de la flûte de Aïssa.
-"Allez Krida! Encore une pirouette!" réclament nos trois amis au petit singe acrobate.

Assis devant le conteur, Karim écoute l'histoire de Aïcha Kandicha.

Lalla Mizette, la petite chèvre espère trouver un remède chez le guérisseur : elle a mal au ventre. Madame la gourmande a mangé trop de noix d'arganier.

–« Ma fille, dit Fatna la voyante à Malika, tu vas trouver quelque chose de rare et précieux enveloppé dans du blanc. »

Malika réfléchit :

–« Qu'est-ce que ça peut être ? Une coccinelle dans un lait aux amandes ? Ma dent de lait dans un mouchoir blanc ? Ah ! J'ai trouvé ! C'est sûrement le trésor des Almohades, là-haut, sur les montagnes enneigées ! »

– « A moi la richesse !
– Je viens avec toi, s'écrie Krida. J'en ai assez d'avoir des bosses sur la tête à force de faire des roulades !
– Nous aussi ! ajoutent Monsieur et Madame Serpent. Ça suffit de nous enrouler autour des cous des touristes... Nous ne sommes pas des colliers ! »

– « Attendez-nous ! » s'écrient un cheval,
puis deux,
puis trois...

... puis cent chevaux !
« – Fini les calèches ! Nos sabots sont usés et nos
poumons pollués par la fumée des bus. »

Nos amis traversent la palmeraie.
Bodi le dromadaire les rejoint aussitôt en râlant :
– « Mes yeux sont tout rouges à cause des flashes d'appareils photos. Je n'en peux plus de balader les gros touristes sur mon dos. En plus, j'ai le vertige à force de tourner la noria ! Attendez-moi ! »
Et il prend ses jambes à son cou.

– « Quoi ? Hein ? Chnou ? s'étonnent les chevaux de la fantasia. Vous allez à la recherche des castors en balade ?

– Mais non ! répond Krida ; du trésor des AL-MO-HADES !

– On vient nous aussi. Fini la fantasia. Le bruit des fusils nous a rendus sourds.

– Pas si vite ! hurle Karim. Avec ma part du trésor, je m'achèterai la plus belle et la plus rapide des trottinettes ! Plus personne ne pourra me doubler ! »

Qu'elle est verte la vallée de l'Ourika!
Allez! Tout le monde à l'eau!
Brr! Comme elle est fraîche l'eau de la cascade!
–« Hi! Hi! C'est moi qui fais fondre la neige, » dit Choumicha radieuse.
Au repas, ils dégustent des truites grillées et des fruits des bois.
Lalla Mizette fait la moue.
« Bêê! dit-elle, une fois riche, je m'achèterai une forêt d'arganiers. Miam! Miam! »

Youpi ! Vive la neige ! Les voilà tout en haut à l'Oukaïmeden. Ils creusent partout, partout, comme des petits fous...
La montagne devient un véritable gruyère plein de trous.

Balak ! Balak !
Attention devant !
C'est Karim qui dévale la montagne sur de drôles de skis.
Voyons voir. Ça alors ! Mais ce sont Monsieur et Madame Serpent qui se sont transformés en skis... et la bosse de Dodi le dromadaire sert de toboggan !
Sacré Karim !

Choumicha s'est éclipsée. Il fait noir.
Vite ! On se réchauffe autour d'un feu de bois. Là-bas sur le sol, il y a quelque chose qui scintille. Malika s'approche...

– « C'est le trésor des Almohades ! s'exclame-t-elle de joie, le plus gros diamant du monde ! »

Tout le monde éclate de rire.

– « Mais non ! Ce n'est qu'une pauvre pierre de la région qui s'appelle Onyx. »

Malika est déçue... Hou ! Hou ! font les hiboux comme pour se moquer d'elle.

« Coucou mes amis, dit Dame Lune la douce. Les Marrakchis sont bien tristes. La place est déserte depuis que vous l'avez abandonnée.

– Je pense à mon maître, dit Krida. Même si le travail est dur, il a toujours été gentil avec moi. »

“_Comme c'est dommage! ajoutent les chevaux entre deux larmes. Les gens viennent du monde entier pour admirer la fantasia et se balader en calèche dans la palmeraie.”

“– Et moi, je suis une star là-bas, dit Dodi le dromadaire. Ma bosse amuse tant les enfants ! Et puis, les paysans vont mourir de faim si les champs de blé ne sont plus arrosés par la noria. Qui va la faire tourner ? ”

Karim, lui, a froid et faim. Pour se réchauffer, il porte Lalla Mizette sur son dos, comme un manteau.

-"Nous n'avons pas trouvé le trésor des Almohades, répliquent Monsieur et Madame Serpent, mais nous nous sommes bien amusés. Ce soir, nous donnons un spectacle de danse du ventre sur la place Jamâa El Fna."

Tagada, tagada ! En avant pour la ville rouge !

– « Aïe ! crie Krida. Ne me piétinez pas !

– Je préfère me dorer la bosse au soleil, dit Bodi le dromadaire,

– Et moi, je vais manger un bol d'escargots tout chauds », chantonne Karim.

Bredouilles mais heureux, nos amis entrent dans la ville.
Soulagés de les voir revenir, les Marrakchis organisent une grande fête sur la célèbre place.
Aïssa pleure de joie et se remet à jouer de la flûte.

« Aïe ! » crie Malika en mangeant une barbe à papa. Elle a failli se casser une dent en croquant quelque chose de dur…
Qu'est-ce que cela peut bien être ?

Le collier que Mi Lalla lui a offert
pour sa naissance! Quelle surprise!
-« Tu vois benti, dit Fatna la voyante à
Malika, C'est le plus beau des trésors.
-C'était donc cela la chose rare et
précieuse enveloppée dans du blanc! »
Quelle folle journée!

Mon petit dictionnaire

- **Aïcha Kandicha** - personnage maléfique des contes populaires marocains
- **Almohades** - grande dynastie du Maroc (1147-1269) dont la capitale était Marrakech
- **Arganier** - arbre du sud marocain dont l'amande sert à produire l'huile d'argan
- **Balak ! balak !** - attention, poussez-vous !
- **Benti** - ma fille
- **Choumicha** - le soleil
- **Chnou** - quoi, hein ?
- **Fantasia** - chevauchée de cavaliers en costume traditionnel
- **Gnaouas** - musiciens et danseurs traditionnels
- **Haj** - personne qui a fait le pèlerinage à la Mecque
- **Jamaâ El Fna** - célèbre place très animée de Marrakech
- **Krida** - petit singe
- **Lalla Mizette** - madame la petite chèvre
- **Marrakchis** - habitants de Marrakech
- **Mi Lalla** - grand-mère
- **Noria** - roue qui permet, en tournant, de puiser l'eau des puits
- **Ourika** - vallée verdoyante de la région de Marrakech
- **Oukaïmeden** - nom d'une station de ski dans la région de Marrakech
- **Onyx** - pierre transparente et scintillante
- **Palmeraie** - forêt de palmiers
- **Yallah ! Yallah !** - allez ! allez !

Achevé d'imprimer en février 2002
sur les presses de

HORIZON
G R O U P E

Parc d'activités de la plaine de Jouques
200, avenue de Coulin
13420 Gémenos

N° d'imprimeur : 0202-127